LE
TAILLEUR D'IMAGES

TYPOGRAPHIE FIRMIN-DIDOT ET Cie. — MESNIL (EURE).

Fig. 1. — Michel Colombe dans l'atelier de Pierre Cadoc. (p. 14.)

LE
TAILLEUR D'IMAGES

MICHEL COLOMBE

PAR A. VIBERT

ILLUSTRATIONS DE MARTIN

OUVRAGE ILLUSTRÉ DE 12 GRAVURES

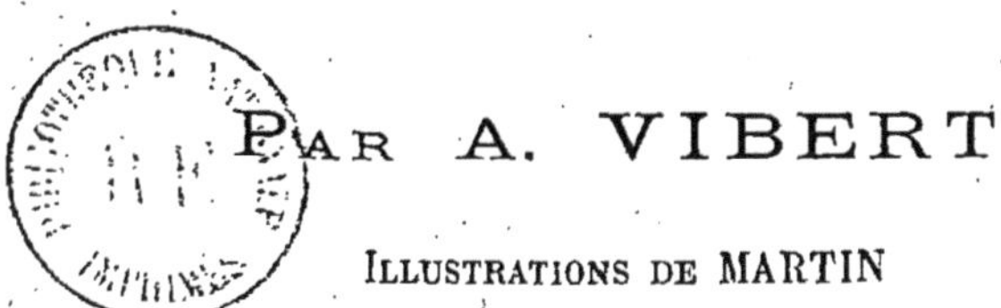

PARIS

LIBRAIRIE DE FIRMIN-DIDOT ET Cⁱᵉ

IMPRIMEURS DE L'INSTITUT, RUE JACOB, 56

LE
TAILLEUR D'IMAGES

I.

Le 14 août de l'an 1449, le clergé de la cathédrale de Saint-Pol de Léon, en Bretagne, était dans la plus vive animation.

C'était le lendemain, jour de l'Assomption que l'on inaugurait la chapelle de la Vierge, embellie de sculptures nouvelles dans le goût fleuri de l'époque.

La cathédrale, une merveille de hardiesse et d'élégance, avait été commencée

à la fin du XIIe siècle et terminée au XIIIe.
Ses deux flèches s'élançaient dans le ciel à
plus de deux cent quarante pieds du sol;
ses hautes ogives et son magnifique por-
che en faisaient une des plus belles églises
de la Bretagne, et un des plus beaux types
de l'architecture si essentiellement reli-
gieuse de cette époque de foi.

Malheureusement, les luttes intestines
qui ensanglantèrent le duché pendant le
siècle suivant, et qui, notamment dans la
guerre des deux Jeanne, revêtirent un tel
caractère d'atrocité, que les églises étaient
souvent pillées et les fidèles massacrés, ar-
rêtèrent pendant longtemps les travaux de
décoration intérieure.

Ce fut seulement sous le règne du duc
Jean V, dit *le Sage*, et sous celui de son fils
François Ier, que les travaux d'embellisse-
ment furent repris à l'intérieur des églises.

Le chapitre de Saint-Pol de Léon avait commandé, l'année précédente, différents travaux d'art pour la chapelle de la Vierge, notamment une grande statue

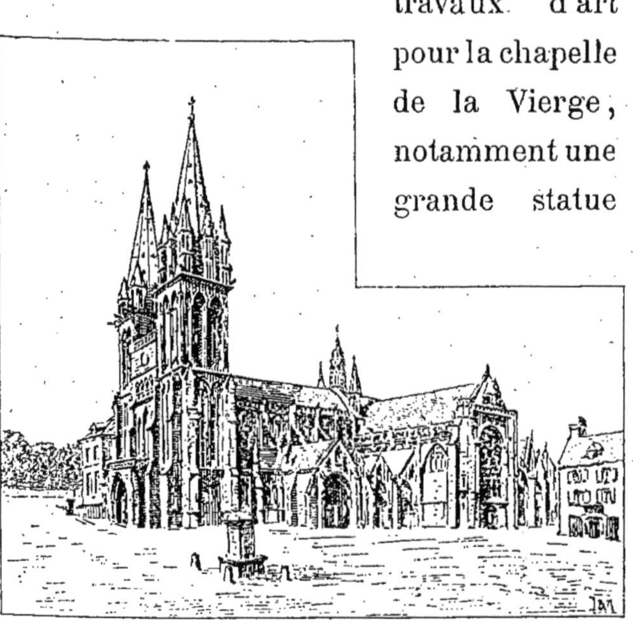

Fig. 2. — Cathédrale de Saint-Pol de Léon.

en bois, à un vieil imagier du diocèse, nommé Pierre Cadoc.

L'image de la Madone venait d'être pla-

cée sur l'autel, et l'imagier, aidé de son apprenti, achevait de monter la porte d'un
tabernacle, également en bois et finement
sculpté d'ogives, fleuries de feuilles de char-
don, d'une délicatesse extraordinaire.

Le curé, suivi de ses diacres et de ses
vicaires, était venu complimenter l'artiste
sur son œuvre.

C'était une naïve statue, de grandeur naturelle, aux formes émaciées, un peu longue, d'une anatomie primitive, mais d'un
charme pénétrant. Le visage surtout, bien
que loin d'être impeccable de construction,
réunissait dans l'expression un mélange de
noblesse et de mansuétude, de calme et de
pureté. Ce sentiment, joint à une délicieuse
naïveté de la pose et à une perfection remarquable des draperies, en faisait une
œuvre symbolique pleine de foi.

Après avoir félicité l'artiste, le curé le

pria de l'accompagner à la sacristie pour y voir les plans des nouveaux travaux, et l'apprenti imagier resta seul à terminer la monture du tabernacle.

C'était un garçon de dix-sept à dix-huit ans, robuste et trapu de corps. Son visage, au front bombé et au menton proéminent, exprimait la tenace volonté de sa race, mais que tempérait la douceur rêveuse de ses yeux bleus, un peu enfoncés dans leurs orbites.

Il apportait le plus grand soin à la mise en place et à la retouche du tabernacle.

Absorbé dans son travail, il n'avait pas remarqué la présence d'un fidèle qui, depuis un instant, était agenouillé au seuil de la chapelle et paraissait plongé dans le recueillement. Mais au moment où, sa prière terminée, ce dernier se releva, un bruit métallique d'éperons ayant résonné sur les dalles, le jeune imagier se retourna et salua le seigneur qui se trouvait devant lui.

Vêtu du costume des nobles de l'époque, il avait fort grand air, et son allure était pleine d'autorité, malgré la jeunesse de son visage, qui était celui d'un adolescent à peine sorti de l'enfance.

Il s'approcha du tabernacle et s'adressant à l'apprenti :

— Est-ce toi, demanda-t-il, qui as sculpté les délicats feuillages qui entourent ces ogives?

— Oui, Monseigneur, les ornements du tabernacle sont de moi, sous la direction de mon vénéré maître Pierre Cadoc.

— Ah! tu es l'apprenti de Pierre Cadoc, et c'est toi qui l'aides à tailler les images de saints et de Vierges dont il embellit nos églises?

— Hélas! Monseigneur, je n'en suis pas encore là. Depuis quatre ans que mon maître a bien voulu me prendre avec lui, je n'ai pas encore assez étudié pour travailler aux statues, que, du reste, mon maître se réserve; mais pour ce qui est des ornements, je suis parvenu à une assez grande habileté, et Pierre Cadoc prédit que je serai un excellent huchier ou bahutier.

— C'est déjà bien; mais est-ce à cela que se borne toute ton ambition?

— Malheureusement, je crois que ma destinée doit s'en contenter, Monseigneur. J'ai perdu mes parents de bonne heure, et pendant que mon frère aîné s'embarquait avec les pêcheurs, les bons moines, qui m'avaient appris à lire et à écrire, me placèrent chez le tailleur d'images qui m'a enseigné mon métier. Je dois l'aider dans ses travaux autant que j'en suis capable

et ne pas avoir d'ambition trop haute.
Pourtant, quand je passe de longues heures
dans cette cathédrale à regarder les images de saints et de rois, je sens ce que j'y
mettrais d'ardeur et de bonne volonté s'il
m'était donné, un jour, d'en tailler quel-
qu'une.

« Être maître imagier, c'est être presque
Dieu sur terre, puisque c'est faire revivre
les grands ou saints personnages qui ont
illustré notre pays. Mais les occasions ici
sont rares; mon maître est vieux, je dois
le servir humblement dans les modestes
travaux d'ornement, qui nous aident à
vivre. Pour apprendre l'art, il faudrait
voyager dans des provinces et des royaumes
où les occasions sont plus nombreuses. Des
compagnons, qui parfois sont passés chez
nous, nous ont raconté les grands progrès
accomplis ailleurs dans notre métier. De

savants maîtres ont étudié la nature, ont appris à leurs élèves à construire exactement une statue, avant de la recouvrir de draperies et d'ornements ; ce n'est pas dans notre pauvre Bretagne que je pourrais participer à ces progrès... Et cependant...

— Cependant, tu en brûles d'envie. Quel est ton nom?

— Michel Colombe.

— Eh bien, Michel, dis à ton maître qu'il t'autorise à me faire entièrement, toi-même, un coffret à bijoux dans le genre de ce tabernacle. Lorsqu'il sera terminé, tu me l'apporteras. Tu sais qui je suis?

— Oh! Monseigneur, qui ne connaît ici le gentil comte d'Étampes, neveu de notre seigneur, le duc Arthur? Je ferai de mon mieux pour vous satisfaire; mais les mots me manquent pour vous remercier.

— Remercie la Vierge, qui a permis que

nous nous rencontrions auprès de son autel. Travaille, espère, et que saint Michel,
ton patron, te protège!

Le comte s'inclina de nouveau devant
l'image de la Vierge et se retira.

Le bruit de ses pas résonnait encore sur
le seuil de l'église que les cloches tintaient
déjà *l'Angelus*, et Michel, ayant rassemblé ses outils, s'apprêtait, rêveur, à rega-
gner le domicile de maître Cadoc.

II.

Trois mois après la fête de l'Assomption, Michel avait terminé le coffret du comte, en y travaillant tous les jours et une grande partie de ses nuits.

Puisant son inspiration aux seules sources qu'il connaissait, il s'était servi des documents que lui fournissait la cathédrale. La structure générale était empruntée aux formes architecturales qu'il avait tant de fois admirées; prenant pour thème l'ogive, il l'enrichit des ornements chrétiens en les enlaçant de fines interprétations végétales, prises dans la flore du pays : chardons, feuilles de houx, églantiers.

Sur le panneau de devant, il osa même, d'après le conseil de son maître, risquer trois petites figures en bas-relief, représentant la scène finale de la Passion : le Christ en croix et, de chaque côté, la Vierge et saint Jean. C'étaient des figures bien naïves de construction, mais d'un sentiment très juste; quant aux ornements, ils étaient des plus délicats et traités avec une curieuse adresse.

Depuis quelques jours, Michel était vivement préoccupé de la fermeture de son coffret.

— Vois-tu, petit, lui disait son maître, un véritable imagier doit faire lui-même toutes les parties de son œuvre, quelle que soit la matière à employer, et pour

que ton coffret garde son unité d'exécution,
tu ne dois pas en appeler au serrurier
pour le ferrer. Il faut en dessiner le
fermoir, le découper dans un morceau
de fer, l'ajuster et le rehausser de fines
engravures, suivant le goût des ornements
que tu as taillés dans le bois.

Et joignant l'action aux conseils, il
l'aida à choisir, parmi les matériaux gisant au fond de l'atelier, un morceau de
fer convenable.

Un étrange fouillis que cet atelier! On
n'aurait su vraiment, en y pénétrant, si
l'on se trouvait chez un charpentier, un
menuisier ou tout autre artisan de la
matière. Le bois dominait, en troncs, en
madriers dégrossis, en solives; et aussi
des tiges de fer pour les armatures; dans
un coin, une petite forge toute primitive,
des établis massifs avec des outils bizarres,

parmi lesquels ceux de menuisier sem-
blaient dominer. Des patrons découpés,
la plupart en forme d'ogives, des modèles
d'ornement accrochés aux murailles, des
panneaux de bahut ébauchés, ramenaient
la pensée à des idées sculpturales, qui
augmentaient encore si, levant les yeux,
on regardait, sur une tablette, un ali-
gnement de statuettes de saints, les
unes en bois brut, les autres violemment
peintes en couleurs qui voulaient être
naturelles.

C'est qu'à cette époque, en Bretagne,
l'imagier était surtout un fabricant de
saints, dont le culte caractérisait particulièrement la foi bretonne. Au moyen âge,
chaque paroisse, en dehors de son église,
possédait dix ou quinze chapelles, dédiées
à un saint, dont on n'avait jamais ouï
parler dans le reste de la chrétienté. Ces

Fig. 3. — L'imagier Pierre Cadoc.

saints locaux étaient tous du cinquième ou sixième siècle : c'étaient des personnages ayant pour la plupart réellement existé, mais que la légende avait entourés d'un réseau de fables, d'une naïveté sans pareille.

Le goût de Pierre Cadoc valait mieux que les grossières enluminures dont il recouvrait un grand nombre de ses statuettes, mais il obéissait à celui de sa crédule clientèle. Ces statuettes arrivaient ainsi à un réalisme étonnant, et, pour des imaginations plastiques, elles vivaient.

Des pots de couleur complétaient l'outillage de l'imagier. Il y en avait un peu partout, sur le sol en terre battue, au milieu des monceaux de copeaux et d'éclats de bois.

Au bout de quelques jours, le fermoir

du coffret était fini et posé, et le vieux maître félicitait son apprenti sur l'harmonie finale de son œuvre, quand, tout à coup, on heurta à l'huis de l'atelier.

— Entrez ! cria familièrement l'imagier, croyant à la visite de quelque voisin.

Mais, se retournant, il vit le jeune comte d'Étampes, debout sur le seuil.

— Ah ! Monseigneur, excusez-moi. Si j'avais pu m'attendre à votre visite dans mon humble demeure...

— C'est moi, maître Cadoc, qui vous devrais des excuses, pour avoir commandé à votre apprenti un travail avant de vous en avoir parlé. Je viens voir si, avec votre autorisation, il s'est occupé du coffret que je lui ai demandé.

— Monseigneur, il vient de le terminer, et le voici.

Et le vieil imagier posait sur l'établi le coffret, que le comte examina longuement sous toutes ses faces.

Après un assez long silence :

— Approche ici, Michel, je suis très satisfait de ton travail, dit-il; il révèle une aptitude et un amour de ton métier dignes d'être récompensés.

« Aussi, me rappelant notre conversation de l'autre jour et ton ambition légitime de t'élever dans ton art, je veux, avec la permission de ton maître, t'en faciliter les moyens. Prends cette escarcelle en échange de ton coffret; elle te servira dans le voyage que tu vas entreprendre à travers le royaume de France et le duché de Bourgogne, où l'art de l'imagier est beaucoup plus avancé que dans notre pauvre et chère Bretagne. Maître Cadoc, vous prendrez un autre apprenti et j'aurai soin que le travail ne vous manque pas.

— Monseigneur, tant de générosité...

— C'est mon devoir. Mon oncle, absorbé par le tracas des affaires publiques et les fatigues de la guerre, n'a pas eu le temps de s'occuper des arts; c'est à moi de remplir cette portion de la tâche du souverain. Je commence par toi, Michel. Va, instruis-toi dans ton art, deviens un maître, ma protection ne te fera pas défaut. J'espère que je n'aurai pas à m'en repentir et que tu deviendras un artisan fameux, qui fera honneur à la Bretagne.

Profondément ému, Michel, un genou en terre, baisait la main du jeune comte.

— Gentil seigneur, croyez à ma reconnaissance. Oui, je vais m'instruire et tra-

vailler, et, par saint Michel mon patron,
je jure que votre protégé deviendra
l'homme que vous désirez.

III.

Paris, où arrivait le jeune Michel au commencement de l'année 1450, n'était pas à
cette époque le centre unique des grands
imagiers français, décorateurs de cathédrales. Des écoles de sculpture s'étaient for-
mées dans tout le centre de la France.

Depuis longtemps, l'art n'était plus uniquement entre les mains des moines. En
1391 étaient parues les ordonnances de la
confrérie de Saint-Luc, qui réunissaient sous
une même bannière tous les imagiers qui

pouvaient ouvrer, de toute manière de bois, de pierre, d'os et d'yvoire.

Les huchiers ou bahutiers venaient de se réunir en confrérie ou corporation particulière, sous le nom de la Conception de Notre-Dame.

L'artiste prenait désormais une consistance civile, qu'il ne trouvait auparavant que dans les cloîtres; l'émulation s'établissait et des foyers de sculpture s'étaient fondés à Chartres, à Troyes, à Tours, à Metz, à Dijon et à Angers.

A Paris, les grands travaux de l'hôtel Saint-Paul et l'impulsion donnée aux arts par Charles V et continuée par Charles VI, avaient attiré et retenu beaucoup d'imagiers qui commencèrent à se disperser, sous le règne de Charles VII. Pourtant les ateliers étaient encore nombreux.

Michel alla directement chez un ami et

contemporain de son vieux maître, établi
huchier près de l'abbaye des Célestins, et
qui travaillait spécialement à la sculpture
sur bois des églises. On le nommait Jean
des Stalles, à cause de sa spécialité des
stalles et des bancs d'œuvre.

Il reçut d'autant mieux le jeune Breton
qu'il reconnut immédiatement sa grande
habileté à œuvrer le bois. Après l'avoir
installé dans sa maison, lui faisant par-
tager sa patriarcale vie de famille, son
premier soin fut de faire recevoir le jeune
homme compagnon de la confrérie de
Notre-Dame.

En règle désormais avec la corporation,
Michel aida son nouveau maître dans
ses travaux, pour compenser la vie maté-
rielle qu'il recevait de lui ; mais il réserva
une partie de son temps pour étudier les
œuvres de sculpture qui décoraient la ville.

Il visitait surtout les églises, et Notre-Dame particulièrement l'attirait. Il passait des heures entières devant le grand portail à admirer non seulement l'exécution, mais aussi le symbolisme des grands bas-reliefs. Puis il faisait le tour extérieur, analysant les sculptures de la porte Rouge, les petits bas-reliefs de côté, et enfin entrait dans la basilique, où il s'absorbait dans la contemplation des magnificences artistiques qui se trouvaient dans l'intérieur : les quatre grands anges de cuivre doré, et la grande chasse de saint Michel couverte de sculptures d'or et d'argent représentant la vie du saint, et le tombeau de Philippe de France, fils de Louis le Gros, archidiacre de l'église de Paris, et les statues du pape Benoît XI et des seigneurs de sa famille, celles de l'évêque de Bucy, de Guillaume de Melun, du cardinal Michel

Fig. 4. — Michel Colombe arrive à Paris.

du Bec, celles de Philippe le Bel et de Jeanne de Navarre, et le fameux bas-relief des Templiers, que Philippe le Bel fit ériger.

Puis il suivait l'histoire de Jésus-Christ et de la Vierge, sculptée en haut relief sur toute la longueur du pourtour extérieur du chœur et s'arrêtait devant le portrait de l'auteur, Jean Ravy, qui était représenté à genoux, les mains jointes et, à côté de son image, se lisait l'inscription suivante : *C'est maistre Jehan Ravy qui fut maçon de Notre-Dame par l'espace de 26 ans et commença les nouvelles histoires, et maistre Jehan le Bouteiller, son neveu, les a parfaites en 1351.* Enfin, il ressortait et faisait encore une longue station devant le grand portail, qui avait toutes ses préférences.

C'était un esprit naïf, moins séduit par la richesse de la matière décorative que par le symbolisme clair de la composition, et son âme vibrait devant ce grand bas-relief si plein de foi. Il sentait combien le drame final de la vie chrétienne y était complètement exprimé : la résurrection de la chair, le jugement, la solution du ciel et de l'enfer.

Et Michel se disait : Voilà la grande composition !

En bas, c'est le prologue terrestre : à l'appel des trompettes de deux anges qui les réveillent, on voit sortir les morts de leurs tombeaux ; l'état de plusieurs d'entre eux est désigné par leurs vêtements ou leurs coiffures, casques, chaperons, couronnes, etc.

Au milieu, saint Michel, pesant les âmes dans une balance, et deux démons voulant faire pencher un des plateaux de leur côté.

Dans la partie la plus haute, ainsi qu'il convient, est Notre-Seigneur, assis sur un trône, accompagné de deux anges, dont l'un

tient la croix, l'autre la lance et les clous
qui ont servi à la Passion; d'un côté, est la
Vierge à genoux, ayant l'air de solliciter
l'indulgence de son fils, et, de l'autre, saint
Jean l'évangéliste.

Le Seigneur a jugé, les élus et les damnés
sont divisés. A gauche, sont les réprouvés,
que le démon, avec une chaîne ou une barre,
conduit en enfer, lequel est représenté dans
cinq compartiments, qui sont à la suite. On
y voit les flammes auxquelles sont livrés les
damnés : les diables les y font entrer à coups
de fourche; ces diables ont des têtes af-
freuses et des corps hideux. De l'autre côté,
dans des compartiments égaux, sont les
élus et les saints.

« Oui, se disait Michel, c'est là la véritable composition chrétienne et l'œuvre
d'un grand imagier. » Et rêveur, il rentrait
à la maison de Jean des Stalles.

Le soir, il lui racontait ses enthousiasmes, l'émulation suscitée en lui par les grandes œuvres religieuses et les quelques noms glorieux des ancêtres civils, puisque ceux des moines étaient inconnus. Jehan de Chelles, Jehan Ravy, Jehan le Bouteiller, revenaient sans cesse dans sa conversation.

Jean des Stalles comprit bien vite que la sculpture des boiseries ne pouvait suffire aux aspirations du jeune homme, et que du reste, ce n'était pas remplir le programme imposé par son jeune et illustre protecteur, le comte d'Étampes, dont la bourse pleine d'or était à peu près intacte, conservée dans un bahut.

Il le présenta à Jean Gausel, architecte et imagier, le plus considérable de Paris, qui venait de terminer le portail de Saint-Germain l'Auxerrois, nommée à cette époque Saint-Germain le Rond.

Ce dernier, après avoir examiné les différents morceaux que lui montra le jeune homme, reconnut qu'il était déjà un merveilleux ornemaniste, mais sur l'exposé de son ambition de tailler des statues, il lui dit qu'il fallait d'abord apprendre à construire géométriquement des figures logiques et, pour cela, modeler en argile des statuettes, au quart ou au cinquième de la nature.

— Vois-tu, mon jeune ami, lui dit-il, avant de songer au costume d'un personnage, il faut bâtir ta figure humaine ; pour cela, tu as deux outils inflexibles : le modèle humain et le compas. Nos grands prédécesseurs, les imagiers des XIIe et XIIIe siècles, entraînés par la multiplicité des travaux pour les églises, ne modelaient probablement pas : ils devaient tracer leurs figures sur les faces du bloc, dégrossir immédia-

tement, et trouver leurs effets et leur modèle
directement dans la masse. Ils prenaient
pour point de départ l'art byzantin, puis
guidés par leur sentiment religieux, ils don-
naient au visage de beaux traits, une expression très élevée ; aux gestes, un sentiment vrai mais toujours simple ; aux
draperies, un style plein de grandeur, mais
les proportions du corps étaient souvent
fausses. C'étaient de grands artistes de sentiment. Mais nous voici arrivés à une époque
où on exige plus d'exactitude, tout en es-
sayant de garder autant de poésie. En at-
tendant, modèle des figurines réduites géométriquement ; j'irai chaque semaine chez
Jean des Stalles voir tes essais.

Ces paroles furent pour Michel une révé-
lation, et ce fut avec acharnement qu'il se
mit à modeler en argile de petites figurines à l'échelle du quart, du cinquième

Fig. 5. — Michel Colombe modelait avec acharnement.

ou du dixième de la nature. Tous les modèles lui étaient bons : les fils de son maître, des voisins complaisants, et jusqu'à des truands ramenés de la rue, et auxquels il donnait quelque menue monnaie pour les mesurer, les copier dans toutes sortes d'attitudes. Ce n'étaient pas de rigoureuses études de nu, l'art de son siècle n'en avait pas besoin, c'étaient de petits mannequins, justes de proportion et d'attitude et destinés à être revêtus d'un costume ou d'une draperie.

Durant tout le moyen âge, les imagiers ignorèrent les beautés de la statuaire grecque; quoique sans modèles antiques, ils durent se reconstituer une théorie des proportions, et ils y arrivèrent suffisamment pour les statues habillées. Dès le treizième siècle, ils avaient établi un *canon* (règle) qui, différent de celui des Grecs, était logique. Ils divisaient le corps humain en sept parties, tenaient compte des lois de l'équilibre, faisaient saillir bien à leur place les têtes d'os où devaient s'accrocher les draperies, et soignaient l'exécution des extrémités. Les mains de certaines figures tombales couchées des quatorzième et quinzième siècles sont aussi vraies que des moulages sur nature.

Donc Michel modelait avec acharnement, raisonnant les mouvements, cherchant l'aplomb par des triangulations, tout cela naïf mais d'une si grande justesse que Jean Gausel était stupéfait de ses progrès.

« Maintenant, lui dit-il, il faut construire tes mannequins en vue des costumes dont tu les revêtiras. Les figures habillées ont d'autres mouvements et d'autres gestes que des figures nues. L'attitude varie suivant le costume et la position sociale du personnage. Le mouvement du mannequin doit être raisonné dans ce sens. Par exemple, pour bien porter un vêtement long, il est nécessaire de donner au corps certaines inflexions qui seraient ridicules chez un individu se promenant en pourpoint. Il faut marcher des hanches, tenir les jambes ouvertes et faire en sorte que, par les mouvements du torse, la draperie colle sur certaines parties et flotte sur d'autres. »

Michel avait compris et, guidé par ces conseils et surtout par son instinct artistique, au bout de quelques mois il avait fait une série de figurines costumées et drapées d'une façon naïve et juste, pleine de charme.

Jean Gausel en fut si satisfait qu'ayant eu la commande d'un grand tombeau pour l'évêque de Paris Denys Dumoulin, tombeau qui devait être érigé dans l'église

Notre-Dame, il se réserva la figure princi-
pale et confia à Michel les petites figures
de pleureuses qui étaient autour. C'étaient
des statuettes en pierre. La matière n'é-
tait pas pour embarrasser notre artiste. Il
n'est pas, pour un ancien praticien du bois
de matière plus agréable et plus facile que
la pierre. Il les exécuta d'après ses propres
maquettes, soumises à son maître. L'exécution lui en fit tant d'honneur que les imagiers de Paris le félicitèrent et lui pré-
dirent un brillant avenir.

Malheureusement, à Paris, les grands
travaux se faisaient rares. Charles VII était
trop occupé de sa lutte contre les Anglais
pour songer à protéger les arts. Aussi,
ceux-là même qui félicitaient Michel lui
conseillèrent, dans l'intérêt de son avenir,
de quitter Paris et d'aller là où les arts je-
taient à cette époque le plus vif éclat, c'est-

à-dire, en Bourgogne, à la cour de Philippe le Bon.

Michel, brûlant du désir de produire des œuvres, eut bien vite pris son parti : il remercia son maître Jean Gausel de ses précieuses leçons, fit ses adieux attendris à la famille de Jean des Stalles, qui lui remit la bourse du comte d'Étampes, et partit pour Dijon, où il arriva au milieu de l'année 1452.

IV.

Philippe le Bon était grand amateur des
arts : il venait à cette époque de faire em-
bellir de sculptures la façade de son palais
et l'hôtel des ambassadeurs d'Angleterre.

Michel étudia avec intérêt toutes ces nou-
veautés, mais son admiration à Dijon fut
prise tout entière par l'église des Chartreux.
C'était, en effet, l'endroit où se trouvaient
réunis le plus de chefs-d'œuvre de toute la
Bourgogne.

Dès l'abord, il admira les portes en bois
magnifiquement sculptées par Hennequin,

célèbre imagier du temps de Charles V, puis à l'intérieur le grandiose tombeau de Philippe le Hardi, œuvre de Claux de Verne, qui avait été l'imagier et valet de chambre du duc. Philippe, de son vivant, avait lui-même rassemblé les matériaux nécessaires pour le construire, l'avait fait commencer, et son fils Jean sans Peur l'avait fait terminer.

La statue du prince, en marbre blanc et drapée, était couchée sur un sarcophage de marbre noir. Auprès de la tête se voyaient deux anges à genoux et, sur le pourtour, entre des colonnes, quatorze figures, d'environ douze pouces de haut, en marbre blanc, représentant des officiers du duc, des chartreux; des prêtres et d'autres personnes occupées de la cérémonie des obsèques.

Notre jeune imagier se passionnait pour cette composition et pour la vérité des têtes et la justesse de l'expression. Il vit que cette tradition des grands tombeaux se continuait pour les ducs de la famille, puisque le tombeau de Jean sans Peur était en cours d'exécution.

Mais son enthousiasme ne connut plus de bornes lorsque, dans la cour des Chartreux, il vit le puits dit Puits de Moïse.

A cette époque, le puits, qui jouait un rôle si important dans les cours des grandes demeures, était souvent couvert de riches sculptures.

Claux Slutter fit de celui des Chartreux un véritable chef-d'œuvre, dont s'honore encore aujourd'hui la sculpture française. Il est décoré de six magnifiques statues, du plus grand style : l'une d'elles, un superbe Moïse tenant les tables de la loi, lui a donné son nom.

Notre imagier breton ne pouvait s'arra-

cher de la contemplation de ce chef-d'œuvre, qui le fascinait. Il en prit une admiration qui influa désormais sur toute sa vie
d'artiste, et Claux Slutter devint son maître
favori. Aussi, ayant appris que Claux de
Verne, son neveu, vivait encore et portait
le titre d'imagier et valet de chambre de
Philippe le Bon, il s'enhardit à aller le
trouver et le prier de le faire travailler sous
sa direction.

Claux de Verne, très vieux, avait pourtant tracé les plans du tombeau de Jean
sans Peur, mais l'exécution effective en
était confiée à un tailleur d'images plus
jeune et qui était, en quelque sorte, son suc-
cesseur. Il se nommait Jean le Mouturier,
et, sur la recommandation du vieux maître,
il prit avec lui Michel et l'occupa à di-
verses figures accessoires du tombeau de
Jean sans Peur. Il eut bientôt apprécié la

naïve franchise d'exécution du jeune homme, qui devint bientôt son principal collaborateur.

Au bout d'un an, Jean le Mouturier lui conseilla de se porter aspirant à la maîtrise et de commencer, à cet effet, le chef-d'œuvre qui devait le faire recevoir maître. Ce fut une Vierge que choisit Michel pour sujet, et il y mit tant de zèle et de soins qu'après six mois de travail, il put la présenter aux syndics de la corporation de Saint-Luc, présidée par le vieux Claux de Verne, qui prononcèrent sa réception de maître tailleur d'images.

Désormais, les travaux lui étaient à peu près assurés, mais entre temps il continuait ses études d'après nature et s'attachait tout particulièrement à l'étude du nu.

Jusqu'alors, les imagiers n'avaient pas

eu besoin d'approfondir beaucoup cette étude. Travaillant presque uniquement pour les cathédrales, ayant à représenter des saints, des rois, des évêques, des moines, ils n'avaient pas eu à se préoccuper du nu absolu, réservant toute leur science pour les belles draperies dans lesquelles ils excellaient. Mais une transformation se faisait dans l'art au quinzième siècle : il y avait moins d'églises à décorer, le sol du pays en était couvert; les tombeaux des grands personnages, par contre, prenaient plus d'importance, on y voulait plus de vérité et, dans la composition, on voyait déjà le mort illustre, couché dans le bas, à l'état de nature, tel qu'il devait paraître devant Dieu, dépouillé de tous ses vêtements. On nommait ces statues des *gisants*.

Michel faisait coucher des modèles et les copiait en réduction.

Ce nu, étudié ainsi sur nature, n'avait ni le style ni l'élégance du nu antique, qu'il ignorait, mais c'était une touchante expression du vrai.

Pieusement élevé par les moines dès sa plus tendre enfance, notre imagier avait gardé pour eux une réelle affection ; aussi s'était-il lié avec les Chartreux de Dijon, et il se délassait de ses travaux, en continuant son instruction dans ses conversations avec eux. Relativement lettré pour l'époque, il écrivait d'un style naïf et coloré. Il correspondait avec son frère, resté en Bretagne, et n'avait garde d'oublier le comte d'Étampes, son premier protecteur, auquel il avait fait part de sa réception à la maîtrise.

Sa vie, toute de travail et d'études, s'écoulait sans incident à Dijon, lorsqu'un jour qu'il travaillait dans l'église des

Chartreux à une figure de saint Michel; il vit entrer le duc Philippe le Bon, accompagné du dauphin de France, Louis.

Le duc avait reçu serment de Michel, suivant l'usage, lorsqu'il avait été nommé maître, il le connaissait et daigna le présenter au dauphin.

— Michel Colombe, notre nouveau maître tailleur d'images, qui promet de marcher sur les traces de son maître Claux de Verne.

— Tu tailles là, mon maître, l'image de mon saint de prédilection, dit le dauphin; j'aime l'énergie que tu donnes à son visage, c'est le saint victorieux et fort.

— C'est mon patron, murmura l'imagier.

— Je t'en félicite, mon maître; je l'implore tous les jours, ton saint patron, pour m'aider à vaincre mes ennemis, et s'il

Fig. 8. — Michel Colombe, dit le dauphin, ce sera toi qui tailleras dans le marbre le portrait de mon saint patron.

LE TAILLEUR D'IMAGES.

m'exauce, j'ai fait vœu de lui consacrer un monument de ma reconnaissance; et puisque tu connais si bien ton sujet, par la Pâque Dieu, ce sera toi, Michel Colombe, qui le tailleras dans le marbre.

Et le groupe princier s'éloigna, laissant l'artiste ravi de cette espérance.

Depuis quelque temps, notre maître imagier désirait visiter la Touraine, qui, du reste, faisait partie de son premier programme de voyage.

Tout l'y attirait : les grands travaux d'architecture qui s'y exécutaient et qui devaient forcément entraîner de grands travaux d'imagerie, puis les œuvres abondantes du passé à y étudier, et enfin l'habitude qu'avait prise le roi Charles VII de résider avec sa cour dans cette province.

Il partit donc pour Tours en 1457, lais-

sant en Bourgogne une réputation déjà
grande, qui allait atteindre son apogée
dans cette Touraine, où devait s'écouler
tout le reste de sa longue carrière.

V

Tours avait eu, dès le treizième siècle, une école d'imagiers, fort remarquable à en juger par leurs œuvres, si leurs noms restaient inconnus. Au quinzième siècle, elle était en pleine floraison. Un atelier célèbre y existait depuis quelques années quand Michel Colombe y arriva : c'était celui de la famille Juste. D'autres tailleurs d'images y étaient également venus s'établir. On pense bien que Colombe, au degré de talent auquel il était parvenu trouva aisément du travail, dont l'exécution fortifia sa réputation.

Il résolut de se fixer définitivement dans cette ville. Ce qui y contribua probablement, outre l'abondance des travaux, ce fut son mariage avec Marie Regnault, fille d'un maître enlumineur tourangeau.

Il choisit un atelier vaste et commode, pour pouvoir à la fois modeler des projets et des édudes, et y travailler à des exécutions de marbre ou de pierre.

A cette époque, les tailleurs d'images ne se subdivisaient pas en modeleurs, praticiens, ornemanistes : un maître imagier faisait toute la sculpture.

Michel Colombe, très armé pour entreprendre tous les genres, accepta des travaux de toutes sortes pour les églises. Son talent très varié s'adaptait à tous les genres; nous avons vu qu'en dehors des grandes

images, il avait, dès l'origine, un merveilleux talent d'ornemaniste. Aussi, il ne
chôma pas dans son nouvel atelier, et il dut
bientôt s'adjoindre des compagnons pour
tailler le marbre, la pierre ou le bois; il se
réservait pour lui seul les compositions,
qu'il modelait en terre, qu'il faisait cuire
lui-même dans un four installé dans ses
ateliers, la terre cuite teintée s'employant
beaucoup vers la fin du quinzième siècle
pour les figures décoratives. Il cuisait également les maquettes ou projets en petit,
qui servaient ensuite à ses élèves pour
exécuter en marbre ou en pierre, en les
grandissant géométriquement.

En 1459, il apprit l'arrivée au trône de
Bretagne de son protecteur le comte d'É-
tampes, qui succédait à son oncle Arthur,
sous le nom de François II. Il tailla, à
cette occasion, une statuette de saint Fran-

çois, qu'il lui envoya avec une lettre de respectueuses félicitations..

Sa réputation s'établissait solidement à Tours, et bientôt son atelier devint rival de celui des Juste.

Les architectes et les grands amateurs n'étaient pas sans. lui opposer ces deux frères de talent. Ils avaient travaillé en Italie sous le célèbre Ghiberti, ils en avaient rapporté des notions nouvelles et des grâces florentines non soupçonnées jusque-là.

Mais notre imagier était Breton et, fidèle à ses idées premières, il ne voulait pas verser dans l'italianisme et prétendait rester lui-même dans la voie qu'il s'était tracée, c'est-à-dire, l'interprétation directe de la nature, telle qu'il la voyait autour de lui, sans aucune réminiscence, composant avec les sentiments de sa race, modelant ses types dans le caractère de ceux du pays, en un mot en étant, avant tout, d'une grande sincérité.

Nos imagiers l'avaient au plus haut degré cette qualité maîtresse, la sincérité. C'était guidés par elle que, dès le treizième siècle, ils marchaient de progrès en progrès, à pas lents mais sûrs, à la création parfaite d'un art national, pour en arriver, dans la seconde moitié du quinzième siècle, à cette perfection dont Michel Colombe est le type le plus accompli.

La promesse du dauphin n'avait pas été vaine, et, à peine roi sous le nom de Louis XI (1461), il avait commandé à Colombe un grand bas-relief, le représentant lui-même, ayant à ses côtés l'archange Michel à cheval repoussant un sanglier furieux.

Ce bas-relief fut conservé dans l'abbaye de Saint-Michel en l'Herm (Vendée), mais fut détruit en 1569, pendant les guerres de religion.

Louis XI s'en montra si satisfait, qu'il donna la promesse à l'auteur de faire toute la décoration sculpturale de l'église de Saint-Clément, qu'il faisait construire à Tours.

Michel Colombe voyait donc le succès lui sourire, et il aurait été parfaitement heureux si malheureusement son mariage n'était resté stérile. Essentiellement homme d'intérieur, devenu un peu casanier depuis que les travaux abondaient dans son atelier, il aimait être entouré d'affections à son foyer. Il avait formé des élèves, qui le chérissaient et qui, d'après les chroniques, l'avaient surnommé « le bon maître ».

Il prit pour principal élève, et adopta presque comme son fils, le neveu de sa femme, Guillaume Regnault, dont il fit un tailleur d'images remarquable, puis il fit demander à son propre frère, resté en Bretagne, s'il voulait lui confier son fils François pour apprendre, sous sa direction, le métier d'imagier.

Son frère fut heureux de cette offre et le jeune François vint augmenter la famille à Tours. Malheureusement, il ne manifesta pas de dispositions suffisantes à tailler la pierre. Le maître n'insista pas et lui fit apprendre le métier d'enlumineur.

Ce n'était pas un art absolument inférieur que celui d'enlumineur, collaborateur précieux de l'imagier au moyen âge.

La peinture appliquée à la sculpture lui donnait une valeur singulière, mais à la condition que cette application fût faite avec intelligence, et par des artistes ayant acquis l'expérience des effets de la couleur sur des objets modelés, effets qui ne sont pas ceux produits sur des surfaces plates.

Cette peinture ne consistait pas seulement en des tons posés à plat sur les vêtements et les nus, l'art intervenait. Dans les plis enfoncés, dans les parties qui étaient opposées à la lumière ou qui pouvaient accrocher des reflets trop brillants, on opposait des glacis obscurs. L'harmonie des tons entrait pour beaucoup dans cette peinture d'objets en relief, harmonie toute différente de celle de la peinture plane. Une statue était-elle revêtue d'une robe et d'un manteau, l'enlumineur adoptait le bleu pour la robe et le pourpre pour le manteau, préparant ces deux tons de manière qu'ils présentassent à l'œil une même valeur.

On ne tarda pas à reconnaître les défauts de cette coloration heurtée, vive, brillante et trop réelle, car, vers la fin du quatorzième siècle, tout en conservant des tons de valeurs différentes sur une même statue, on

Fig. 7. — François Colombe apprit le métier d'enlumineur.

couvrit si bien ces tons de détails, d'ornements d'or, bruns, noirs, que ce réseau dis-
simulait les oppositions de couleurs et ren-
dait de l'unité à l'ensemble de la figure.

Il fallait un grand goût et une grande
expérience pour juger tous ces cas divers
de décoration. Des tons très sombres, par
exemple, qui seraient lourds et feraient ta-
che sur une peinture murale, prennent de
l'éclat sur des reliefs. Un ton noir, posé sur
le vêtement d'une statue, par l'effet de la
lumière se détachait en clair sur un fond
de niche brun-rouge. Cette sorte de peinture
demandait donc une étude spéciale, une
suite d'observations sur la nature même et
une entente intime avec le tailleur d'images.

C'était donc un précieux collaborateur que
s'était donné Michel Colombe, tout en dis-
simulant un délicat bienfait envers le fils de
son frère.

Ainsi entouré, le maître était à même d'entreprendre de vastes travaux de décoration.

VI.

A partir de 1470, Michel Colombe est
arrivé à la plénitude du talent et de la
réputation.

Son atelier est célèbre, non seulement à
Tours, mais dans tous les pays environ-
nants.

Louis XI a tenu sa promesse et donné des
ordres aux architectes de la jolie église de
Saint-Clément pour que la décoration sculpturale lui soit confiée. En même temps, il
est chargé de celle de l'église des Carmes.

Alors l'atelier du maître est en pleine

activité. Il modèle les projets de jubés, de retables, de colonnettes, de chapiteaux. Guillaume Regnault les exécute en bois, en marbre, en pierre, et, quand il y a lieu, François Colombe les décore. Ces collaborateurs de famille ne suffisent bientôt plus à l'abondance des travaux, et d'autres compagnons viennent se ranger sous la direction du bon maître. C'est d'abord Jean de Chartres, qui devient par la suite un artiste de premier ordre; puis Jérôme Pacherot, qui marche sur ses traces. Leur vie active se passe moitié à l'atelier de Tours, moitié dans les églises qu'ils décorent.

Bientôt le maître est obligé de leur abandonner presque toutes les sculptures d'ornement, puisqu'il est absorbé par les grands travaux de statuaire qu'il se réserve seul.

Vers cette époque, presque tout son

temps était pris par la composition et l'exécution d'un grand bas-relief en marbre
blanc, représentant la mort de la Vierge,
ou plus exactement, en style de l'époque,
le Trépassement de Notre-Dame, bas-relief
qui lui était commandé pour l'église Saint-
Saturnin de Tours.

Il mettait tous ses soins à ce bas-relief
et y apportait dans la composition ses qualités de foi et de naïveté, et dans l'exécution
la souplesse de son talent de praticien.
Aucune prétention à l'archaïsme, à l'exactitude biblique. Les têtes étaient fran-
çaises de type, de Touraine même, les costumes des apôtres étaient des vêtements
de son temps; mais avec quel art il savait
les arranger, leur donner la noblesse, le
style, sans s'écarter de la vérité !

Ce bas-relief était rehaussé d'or et d'azur,
décoration discrète, qu'il confiait à Fran-

çois Colombe. L'emploi de l'or en rehaut dans les sculptures de marbre blanc est d'un charmant effet, dans le bas des draperies et dans les nimbes auréolant les têtes de saints des bas-reliefs.

En 1480, il fut chargé du modèle de tombeau de Loys Rohault, évêque de Maillezais (Poitou). La somme consacrée à ce tombeau n'étant pas suffisante pour le traduire en marbre, ou même en pierre, Colombe résolut de l'exécuter, en grandeur naturelle, dans la simple matière de ses esquisses, c'est-à-dire, en terre cuite. Ce n'était pas une mince entreprise que la cuisson de morceaux si importants; mais toute cette famille d'artistes était doublée d'artisans, qu'aucune forme de métier ne rebutait. Cette grande composition en terre fut cuite par eux, et François Colombe la décora de couleurs, non plus par parties, mais en revêtant complètement toutes les surfaces.

A l'inverse des siècles précédents, l'imagier travaillait désormais beaucoup plus dans son atelier que dans les cathédrales.

C'est qu'une métamorphose, insensible d'abord, mais profonde, s'était opérée, au quinzième siècle, dans l'art comme dans les mœurs : la période de foi absolue était déjà passée, le scepticisme se glissait dans les esprits. Comme conséquence de ce sentiment de foi ébranlé, l'art purement religieux était entré en décadence, l'harmonie créée au treizième siècle par les moines n'existait plus dans son ensemble architectural et sculptural, on se spécialisait; l'unité d'un grand style y perdait, mais le détail y gagnait.

Les imagiers pensaient moins à l'effet architectural de leurs figures, mais ils étaient plus préoccupés de la sincérité du morceau ; c'est pourquoi la vie sculpturale s'écoulait plus dans le recueillement de l'atelier que sur les chantiers des cathédrales.

Mais quel modèle d'atelier que celui de Michel Colombe, où l'union artistique était doublée d'une union familiale, et quel touchant spectacle ce devait être que celui du chef de famille qui, après avoir dirigé dans la journée de si importants travaux, présidait le soir au repas, entouré de ses neveux et élèves, que lui-même appelait ses disciples.

Ce cénacle familial augmentait toujours ; un mariage vint encore le renforcer. Guillaume Regnault avait une fille, qui fut remarquée par un architecte ou plus exactement un *masson*, qui dans la décoration des églises s'était trouvé en contact de travail avec la famille Colombe. Il se nommait Bastien François, et, quand il épousa la petite-nièce du maître, celui-ci se l'attacha et en fit un nouveau collaborateur.

C'était lui qui exécutait toutes les parties architecturales des compositions de Michel Colombe, plinthes, entablements, sarcophages, pilastres, colonnes, chapiteaux, etc... C'est lui qui construisit, d'après l'esquisse de son maître, la fontaine de Beaune, à Tours, surnommée la Belle Fontaine.

De cette admirable collaboration familiale, sous la direction unique d'un grand artiste, résultaient des œuvres dont l'unité n'était pas le moindre mérite.

VII.

Vers la fin de l'année 1488, une triste
nouvelle, venue de Bretagne, causa un
grand chagrin à Michel Colombe. Le duc
François II, son premier protecteur, venait
de mourir, du chagrin, disait-on, de sa dé-
faite à la bataille de Saint-Aubin du Cor-
mier, et surtout du traité du Verger qu'il
venait de signer et dont la dernière clause
était qu'il ne marierait ses filles qu'avec le
consentement du roi de France.

Le maître imagier de Tours, dans sa vie
toute de travail et de famille, ne participait

guère aux événements publics qui agitaient la France; mais il était resté Breton de cœur, et cette mort douloureuse du seigneur de son enfance remua en lui tous les souvenirs de ses premières années.

En grand artiste qu'il était, il chercha bientôt à traduire plastiquement son chagrin, et, seul, enfermé dans une pièce de l'atelier qui lui était spéciale, il esquissa, en très petit, un projet de tombeau pour le duc François. Mais la commande en était malaisée à obtenir.

Faire un voyage en Bretagne, solliciter des héritiers inconnus..., il y renonça; la vie normale de l'atelier reprit son cours avec les travaux d'église et de décoration, qui faisaient vivre tout ce monde; et l'esquisse fut mise de côté comme une chimère irréalisable.

Heureusement, le destin en avait décidé autrement.

Coup sur coup, il se passa à la cour de France, qui résidait toujours en Touraine, des événements qui firent reprendre à Michel Colombe son idée de grand mausolée.

Charles VIII, qui avait établi sa résidence au château d'Amboise, avait épousé à vingt et un ans, le 16 décembre 1491, Anne de Bretagne, la fille du duc François II. La Bretagne était désormais réunie à la France.

Deux ans plus tard, le roi Charles et la reine Anne, ayant perdu deux enfants en bas âge, leur firent élever un tombeau, dont ils confièrent l'exécution aux frères Juste. Ce fut une œuvre charmante, qui fut érigée en 1495 dans l'église de Saint-Martin de Tours.

Alors l'émulation, la persuasion que la reine Anne aimait les arts, le désir de donner la vie à son esquisse de tombeau, enhardirent Michel Colombe. Il se décida à aller à Amboise, se fit présenter à la reine, lui dit qu'il était Breton, lui conta son histoire et surtout ses débuts qu'il devait à son illustre père, et finalement lui fit part du grand désir qu'il avait d'élever en son honneur un mausolée digne de lui.

La reine, émue et charmée de la sincérité de l'imagier et des souvenirs qu'il éveillait en elle, l'autorisa à faire un projet en terre cuite, au quart d'exécution, et lui promit d'aller le voir, aussitôt que l'œuvre serait terminée.

Colombe rentra à Tours, confia la direction des travaux en cours, à l'atelier et au dehors, à Guillaume Regnault, et, tout enfiévré d'inspiration, il reprit la première

Fig. 8. — Michel Colombe fait part de son désir à la reine
Anne de Bretagne.

esquisse de son mausolée et modela au quart d'exécution sa composition modifiée, car Anne de Bretagne, par un sentiment pieux, avait voulu que le mausolée fût double, et s'élevât à la mémoire non seulement du duc François son père, mais aussi à celle de sa mère Marguerite de Foix.

L'artiste coucha les deux statues, qui devaient être grandes comme nature, sur le sarcophage, revêtues de leurs habits royaux. Un lion reposait sous les pieds du roi, un chien sous ceux de la reine. Deux anges, vêtus de tuniques, reposaient à genoux auprès de la tête du premier, deux autres se voyaient auprès de la tête de Marguerite. Sur le pourtour du sarcophage, dans seize niches, se trouvaient les statues des apôtres, et saint François, sainte Marguerite, saint Louis. Le sarcophage était établi sur un soubassement, orné aussi de seize niches entièrement rondes, occupées par seize figures à mi-corps, représentant des anges et des femmes en pleurs. Les niches principales, toutes à plein-cintre étaient séparées par des pilastres, qu'enrichissaient des branchages et des fleurs. Aux quatre coins du mausolée étaient quatre grandes statues, représentant les vertus cardinales. L'addition de ces quatre figures offrait une conception toute nouvelle. Cet accessoire, en obligeant à élever le corps du monument pour faire pyramider l'ensemble, occasionnait l'addition d'un soubassement, qui donnait à la masse plus d'élégance et de dignité.

Pendant de longs mois, le maître s'acharna à cette magistrale composition, ne souffrant d'autres conseils que ceux de Bastien François au point de vue architectural.

Enfin, le projet fut terminé et dûment

séché, il fut cuit et enluminé par François Colombe, dans les teintes qu'il devait avoir lors de son exécution définitive, marbre blanc, marbre noir, dorures, etc.

Le maître écrivit alors à Anne de Bretagne, qui vint à Tours, escortée des seigneurs de sa cour.

A la vue du projet de tombeau, son émotion n'eut d'égale que son admiration pour l'auteur.

— Cette œuvre, dit-elle, immortalisera non seulement mon père et ma mère, mais le grand artiste qui l'a conçue. Maître Colombe, vous vous entendrez avec mon intendant pour que toutes facilités vous soient données pour l'exécution de ce chef-d'œuvre. Nous entendons qu'il soit érigé en l'église des Carmes, à Nantes, et nous sommes persuadée que l'exécution sera à la hauteur de la conception.

— J'y mettrai toute mon âme d'artiste et tout mon cœur de Breton, répondit simplement Colombe.

Alors commença dans l'atelier l'exécution de ce chef-d'œuvre, qui représente l'art français dans toute sa pureté et qui devait être non seulement le plus beau de son siècle, mais encore un de ceux dont s'honore même aujourd'hui la sculpture française.

Les deux grandes statues du roi et de la reine furent exécutées en marbre blanc; le sarcophage, qui était également en marbre blanc, était recouvert d'une table en marbre noir.

L'admiration doit surtout se porter sur les quatre grandes figures d'angle représentant la Justice, la Tempérance, la Prudence et la Force.

Fidèle à ses convictions, Michel Colombe

prit ses modèles parmi les filles de Touraine. Aussi, on sent l'âme nationale dans ces quatre grandes statues, qui ne sont pas de gracieuses figures décoratives idéalisées, mais de fortes jeunes filles douées de toute la pureté du type de nos campagnes. Les anges ne sont pas de gracieux et voluptueux chérubins qui, en Italie, ressemblent si souvent à des amours; ce sont de beaux enfants de nos campagnes, décemment vêtus. Et les pleureuses sont graves et recueillies, comme il convient à la sévérité du sujet. Dans toute cette œuvre énergiquement vraie, on sent respirer la patrie.

Le grand travail matériel qu'entraînait l'exécution d'une telle œuvre dura plusieurs années. Il était presque terminé en 1498 lorsque mourut Charles VIII.

Pendant le veuvage de la reine, Colombe

n'osa pas parler de l'érection du mausolée à Nantes, mais lorsque, l'année suivante, elle eut épousé en secondes noces le roi Louis XII, elle amena elle-même son royal époux visiter l'artiste, à qui elle donna ordre de faire transporter le mausolée à Nantes, pour être érigé en l'église des Carmes.

Colombe confia le transport à Bastien François.

Le nouveau roi s'était pris d'admiration et d'affection pour le vieux maître. Il venait souvent à Tours, où des fêtes brillantes étaient données en son honneur.

En novembre 1501, il y venait assister à une représentation d'un mystère et Colombe, dont le talent souple servait aux choses les plus variées, modela en cette occasion un modèle d'armure pour le roi; et la ville de Tours, voulant offrir un

Fig. 9) — Tombeau de François II, duc de Bretagne, par Michel Colombe. Cathédrale de Nantes.

souvenir à son royal hôte, commanda à son grand imagier une médaille qui fut frappée par Jean Chapillon à soixante exemplaires, dont un seul est parvenu jusqu'à nous et est conservé à la Bibliothèque Nationale.

Colombe modela sur la face de cette médaille le buste de Louis XII, couronné d'une sorte de toque, et sur le revers un porc-épic sous une couronne, avec la devise : *Victor, triumphator, semper augustus.*

Et pourtant, l'heure de la vieillesse était sonnée pour Michel Colombe, il avait plus de soixante-dix ans; mais l'âge ne semblait pas avoir de prise sur cette robuste nature, et c'est dans ses dernières années qu'il semble s'être résumé dans ses plus belles œuvres.

VIII.

Dans cette dernière partie de sa vie,
malgré sa modestie, Colombe était le chef
incontesté de cette école de la Loire, qui
était bien la plus parfaite expression de la
sculpture française, avant l'introduction
en France de l'art italien.

Sa réputation était considérable. Aussi,
quand, en 1505, le cardinal d'Amboise
commença la construction d'un monument
qui devait honorer son siècle, le château
de Gaillon, voulut-il y avoir une œuvre
du maître de Tours.

Tout ce que l'art pouvait offrir à cette époque de plus magnifique et de plus recherché fut réuni dans ce somptueux édifice. L'architecture, singulièrement élégante dans les détails, accusait encore quelque irrégularité, quelque pesanteur dans les masses; tel était le caractère des constructions de Louis XII. Mais le mérite des ornements, et particulièrement celui des arabesques en bas-relief, sur pierre et sur bois, faisait pardonner les défauts de la composition.

Le goût des arabesques s'était alors répandu chez tous nos artistes. On peut dire que la fin du quinzième siècle et le commencement du seizième forment l'époque où règne ce genre de sculpture. Raphaël exécutait les arabesques du Vatican en 1515; celles du château de Gaillon datent de l'an 1510, au plus tard.

Ce genre d'ornements y fut prodigué.

C'était pour la chapelle du château que le cardinal d'Amboise voulait avoir un morceau de la belle sculpture de Colombe.

Il lui commanda un retable en marbre blanc, représentant saint Georges terrassant le dragon.

Le maître tailla une œuvre digne de lui.

Son saint Georges, vêtu de l'armure des chevaliers du temps, mais la visière levée et le visage découvert, est monté sur un cheval fort bien construit, qui se cabre en présence du monstre, que son maître transperce de sa lance.

Ce magnifique bas-relief est d'une sculpture à la fois naïve et savante, et traité scrupuleusement dans tous ses détails. Toutes les pièces de l'armure du cavalier sont exactes ainsi que le harnachement du cheval; mais non pas d'un détail mesquin qui entraîne la sécheresse, tout cela reste large et simple, et montre bien à quel degré de force était arrivée, dès le commencement du seizième siècle, la sculpture française avant l'influence de l'école dite de Fontainebleau.

Le bas-relief terminé, ce fut Jérôme Pacherot qui le conduisit à Gaillon et sculpta sur place les arabesques qui l'encadraient.

Cette œuvre venait d'être terminée quand Bastien François fit savoir de Bretagne que l'installation du mausolée du duc François II venait d'être enfin terminée par lui dans l'église des Carmes à Nantes, et avisa Michel Colombe que la reine Anne, alors à Nantes, désirait qu'il assistât à l'inauguration.

C'était une grosse affaire qu'un pareil voyage pour le vieillard, devenu bien sédentaire et ne quittant plus guère son atelier. Pourtant, deux sentiments l'y poussaient : voir son œuvre maîtresse en place définitive à l'église des Carmes, et revoir son pays natal.

Malgré les rigueurs de la saison, il partit donc en plein décembre 1506 et arriva, accompagné de son neveu François, juste à temps pour assister à l'inauguration du mausolée, qui eut lieu le 1er janvier 1507.

L'effet du monument dans l'église était encore meilleur qu'à l'atelier, et Michel Colombe put savourer toutes les joies d'une grande œuvre menée à bonne fin. La reine Anne le félicita devant toute sa cour et le garda plusieurs jours au château.

Avant de quitter la Bretagne, le vieil imagier voulut revoir Saint-Pol de Léon, son pays natal, et la grande cathédrale du treizième siècle, qui avait été si suggestive pour sa petite âme d'enfant artiste.

Mais l'impression fut pénible, tous ceux qu'il avait connus étaient morts. Il était devenu un étranger, et il connut la mélancolie des soirs de la vie, et ce fut presque avec soulagement qu'il revint à Tours, dans son véritable pays d'adoption.

Au milieu de sa famille et de ses élèves, il reprit encore goût à son art et se remit au travail.

Il était devenu le conseiller, l'arbitre en quelque sorte de tout ce qui tenait un ciseau dans les villes du bord de la Loire. Son autorité, sa sûreté de jugement dans toutes les questions sculpturales le faisaient consulter par tous les artistes, et même par tous les artisans, car outre son grand sens artistique, il était lui-même un merveilleux ouvrier de la matière, et imagiers ou maçons, tailleurs de pierre ou de bois, consultaient son expérience sur la du-

Fig. 10. — Le vieux Colombe partit pour la Bretagne, en compagnie
de son neveu François.

reté d'un bois ou le grain d'un marbre.

Cette supériorité s'imposait sans orgueil ni pédanterie, car le vieux maître était la modestie même, mais, à son insu, sa répution avait grandi et s'était étendue au loin.

Il devait, à la fin de sa vie, en recevoir une preuve éclatante.

IX.

Le duc de Savoie, Philibert le Beau,
était mort en pleine jeunesse, en 1504, au
château de Pont d'Ain, en Bresse. Sa jeune
veuve, Marguerite d'Autriche, en conçut
une immense douleur et résolut de lui
élever un mausolée, digne de lui et d'elle,
en l'église de Saint-Nicolas de Tolentin lès
Bourg en Bresse.

Marguerite d'Autriche avait passé lès
premières années de sa jeunesse dans le
château d'Amboise, elle avait vu des œuvres de Michel Colombe et connaissait sa

réputation toujours grandissante, surtout depuis l'exécution du tombeau de François II.

Ce fut donc à lui qu'elle songea pour celui de son époux. Elle envoya son intendant Jean Lemaire à Tours, en 1511, pour s'entendre à ce sujet avec le célèbre artiste.

Lorsque Lemaire arriva chez le vieux maître et qu'il lui eut exposé le but de sa visite, celui-ci sentit l'enthousiasme artistique reprendre possession de son âme, à l'espoir d'un chef-d'œuvre à créer encore.

Connaissant par ouï-dire le luxe et l'amour des arts de Marguerite d'Autriche et sentant qu'il pouvait faire grand, il parla d'abondance à l'envoyé, lui expliquant les projets que le sujet faisait naître en lui.

Jean Lemaire avait apporté avec lui un document précieux, c'était le portrait du

duc Philibert le Beau, peint par Jean Perréal.

Immédiatement, le vieux Colombe esquissa ce portrait en petit, sous forme de
gisant, et, avec Bastien François, dessina
des projets d'architecture du mausolée.

L'activité était revenue, et l'artiste semblait aussi jeune d'inspiration qu'il était
vieux de corps. Aussi Jean Lemaire écri-
vait-il à Marguerite d'Autriche :

« J'ai trouvé le bonhomme Colombe fort
ancien, d'environ quatre-vingts ans, mais
le bonhomme rajeunit pour l'amour de
vous, Madame, et a le cueur à votre be-
songne, aultant et plus qu'il eust oncques
à aultre... Je vous asseure, Madame, que
vous aurez un des plus grands chiefs
d'œuvre qu'il fit oncques en sa vie. »

Certes, il avait le cœur à la besogne, le
vieil imagier, qui voulait, malgré l'âge,

faire un dernier chef-d'œuvre, mais, avec sa finesse native, il sentait l'impression que sa vieillesse avait causée à l'envoyé de Marguerite et, craignant que son âge et ses infirmités ne fissent croire que son génie s'était refroidi, il se hâta de modeler une image de sainte Marguerite, la fit rapidement mettre au point en albâtre par Guillaume Regnault, la finit lui-même et la remit à Jean Lemaire, pour en faire un petit présent à Marguerite d'Autriche, la priant de le recevoir en gré.

Qu'il nous soit permis ici de citer en son entier la lettre de Michel Colombe à Marguerite d'Autriche : on n'en prendra que plus d'estime et de sympathie pour le *bon maître*, dont le style naïf, sincère, honnête correspond si bien à la sculpture.

« Je, Michel Colombe, habitant de Tours et tailleur d'ymaiges du roy, nostre sire,

Fig. 11. — L'envoyé de Marguerite d'Autriche.

tant en mon propre et privé nom, comme ès-nom de Guillaume Regnault, tailleur d'ymaiges, Bastien François, maistre masson de l'église de Saint-Martin de Tours, et François Coulombe, enlumineur, tous trois mes nepveux, confesse, promects, affirme et certifie, en foy de loyal preudhomme, les choses qui s'ensuivent estre véritables, tant pour le présent et passé, que pour l'advenir, et ce pour la descharge et acquit de Jean Lemaire, iudiciaire et solliciteur des édifices de très haulte et très excellente princesse Madame Marguerite, archiduchesse d'Autriche et de Bourgoigne, duchesse douairière de Savoye.

« C'est assavoir tout premièrement, je confesse avoir eu et receu de madicte dame, par les mains de sondict solliciteur Jean Lemaire, la somme de 94 florins d'or d'Allemaigne, à 27 sols 6 derniers tournois la

pièce, qui reviennent à la somme de six
vingtz huyt livres treize sols tournois, monnaie de roy présentement courant. Et ce
pour noz peines, labeurs et salaires de faire
la sculpture, en petit volume, de feu monseigneur le duc Philibert de Savoye, de
bonne mémoire, mary de ma dicte dame
selon le pourtraict et très belle ordonnance
faicte de la main de maistre Jehan Perréal
de Paris, painctre et varlet de chambre
ordinaire du roy nostre dit seigneur; de
laquelle somme de 94 florins d'or d'Allemaigne, je me tiens pour content et bien
payé, et en quitte, ès noms que dessus, les
dits Jean Lemaire et tous autres à qui il ap-
partiendra. Et de laquelle sépulture, je,
Michel Coulombe dessus nommé, ferai, de
ma propre manufacture, sans ce que autre
y touche que moy, les patrons de terre
cuite, selon la grandeur et volume dont

j'envoie à ma dite dame deux pourtraictz,
l'un en platte-forme pour le gisant, l'autre
en élévation, faiz les dits patrons de la main
des dits François, Coulombe, enlumineur, et
Bastien François, masson, mes nepveux. Et
le dit Bastien fera, de pierre de taille, toute
la massonnerie servant à la dicte sépulture
en petit volume, par vrays traitz et mesures,
tellement que, réduisant le petit pié au
grand, Madame pourra veoir toute la sépulture de mon dit feu seigneur de Savoye;
dedans le terme de Pasques, pour veu que
aucun inconvénient ou fortune ne survien-
gne au dit Coulombe durant le dit temps;
et iceulx patrons je prometz loyaument, à
l'aide de Dieu faire pour un chief d'œuvre,
selon la possibilité de mon art et industrie.
Oultre plus, pour ce que le dit solliciteur
Jean Lemaire nous a affermé que Madame
désire d'être servie en ses édifices de gens

meurs, graves, savants, seurs, certains,
expérimentez, bien condicionnez et obser-
vans leur promesse, comme bien raison le
veult mesmement de ceulx que j'ai dessus
nommez, assurerai à ma dicte dame etre
telz. D'icy et desja, j'asseure et afferme que
Guillaume Regnault, tailleur d'ymaiges,
mon nepveu, est souffisant et bien expérimenté pour réduire en grand volume la
taille des ymaiges servant à la dite sépulture en ensuivant mes patrons, car il m'a
servy et aidé l'espace de quarante ans ou
environ, en tel affaire, en toutes grands
besoignes, petites et moyennes, que, par la
grâce de Dieu, j'ai eues en main jusques
au jour d'hui, et auray encoires, et tant
qu'il plaira à Dieu. Mesmement, il m'a très
bien servy et aidé en la dernière œuvre que
j'ai achevée, c'est assavoir la sépulture du
duc François de Bretaigne, père de la royne,

de laquelle sépulture j'envoye un portrait à Madame.

« D'autre part, le dit Bastien François, gendre de mon dit nepveu, s'afferme estre souffisant pour exploicter et dresser en grant volume les patrons de la dite sépulture, quant à l'art de massonnerie et architecture. Lesquels patrons seront faitz en petit volume de sa main propre. En après les diz patrons achevés, dedans le terme de Pasques dessus diz, et iceulx estoffés de painture blanche et noire, selon ce que la nature du marbre le requiert, par le dit François Coulombe enlumineur, la tablette de bronze dorée et les lisières, armes fournies d'ermines, carnation de visaiges et de mains, escriptures et toutes autres choses à ce pertinentes, fournies selon que le devoir le requiert, je dessoulz signé prometz envoier les dits Guillaume Regnault, mon

nepveu, et Bastien François, son gendre,
porter la dite sépulture en petit volume à
Madame, quelque part qu'elle soit, dedans
le terme de la purification de Notre Dame;
ensemble, l'élévation de la platte-forme de
son église; mesmement touchant la sépulture des deux princesses, dont nous avons
les portraitz et tableaux, faitz de la main
de Jehan de Paris. Et aussi le dit Bastien
François portera la montée de l'élévation
du portal et des arcz boutans par dehors.
Pour lesquelles choses estre faictes par le
dit Bastien François, j'ai retenu le double
de la platte-forme de la dite église du couvent de Saint-Nicolas de Tolentin lez Bourg
en Bresse, icelle platte-forme faite et très
bien ordonnée sur le lieu, mesurée de la
main de maistre Jehan de Paris, avec l'ad-
vis et en présence de maistre Henriet et
maistre Jehan de Lorraine, tous deux très

grands ouvriers en l'art de massonnerie.
Et quand les dits Guillaume et Bastien,
mes nepveux, auront présenté la dite sépulture en petit volume à ma dicte dame, et
icelle dressée en sa présence, et déclairé
toutes les circonstances et dépendances
d'icelle, s'il plaît à Madame, j'entrepren-
dray volontiers la charge et marche d'i-
celle, faire réduire en grant volume par le
dit Guillaume, tailleur d'ymaiges, et Bastien, masson, lesquels j'envoiray sur le
lieu du dit couvent lez Bourg en Bresse,
avecques Jehan de Chartres, mon disciple
et serviteur, lequel m'a servy l'espace de
dix-huit ou vingt ans, et maintenant est
tailleur d'ymaiges de Madame de Bourbon,
et aussi autres mes serviteurs, dont je ré-
pondray de leur science et preudhommie,
et dont je ne penserai avoir honte ne dom-
maige. Et ce pour autant que à cause de

mon aige et pesanteur, je ne me puis transporter sur le dit lieu personnellement, ce
que autrement j'eusse fait volontiers pour
l'honneur, excellence et bonté de la dicte
très noble princesse. Et pour ce faire (si le
cas advient que Madame soit conseillée
d'exécuter sa bonne intencion par le labeur
de moy et des miens) d'icy et desjà j'advoue,
rattifie, et tiens a bons, fermes et approuvez
tous les marchez que les diz Guillaume,
tailleur d'ymaiges, et son gendre, masson,
feront avec Madame en mon nom et au leur,
touchant ladite sépulture et autres choses
touchant notre art d'ymaigerie et architecture, comme si moi même y estoie présent.
Et afin que le voiaige du pays de Flandres,
encoires incongneu à mes dits nepveux leur
soit plus seur et plus certain, est moyénné
que Jean Lemaire nous laisse ou envoie icy
ung solliciteur et guide pour conduire jus-

ques là mes dits nepveux, et avons convenu
avec le dit Lemaire que chacun de mes
nepveux aura par jour compté, depuis leur
partement de ceste cité de Tours jusques à
leur retour, la somme de 5 philippus d'or
valant 21 sols tournois, sauf ce qu'il plaira
mieux tauxer à Madame et recognoistre
leurs labeurs et diligences, comme moy et
les miens avons parfaite confiance en son
excellence très renommée, laquelle nous
tous désirons servir de bon cueur, s'il lui
vient à plaisir. Au surplus, le dit Jean Lemaire nous a apporté une pièce de marbre
d'albastre de Saint-Lothain lez Poligny, en
la comté de Bourgoigne, dont il a nouvel-
lement découverte la carrière ou pierrière,
laquelle comme nous avons entendu par
certaine renommée, a autrefois esté en
grand bruit et estimation, et en ont été
faictes aux Chartreux de Dijon aucunes des

sépultures de feuz messeigneurs les ducs de Bourgoigne; mesmement par maistre Claux et maistre Authoniet, souverains tailleurs d'ymaiges, dont je, Michel Coulombe, ay autrefois eu la cognoissance. Et à la requête dudit Jean Lemaire, ay taillé de ma propre main ung visage de sainte Marguerite, et mon nepveu Guillaume l'a poli et mis en œuvre, dont je faitz un petit présent à Madame et luy prye qu'il luy plaise le recevoir en gré. Certifiant et affermant que pourveu que ladicte pierre soit tirée en bonne saison et les anciens bancz découverts avec grant et ample décombre fait sur le bon endroit, c'est très bon et très certain marbre d'albastre, très liche et très bien polissable en toute perfection et ung trésor trouvé au pays de ma dicte dame, sans aller quérir autre marbre en Ytalie ny ailleurs, car les aultres ne se polissent pas si bien et ne gardent point leur blancheur, ains se jaulnissent à la longue. Toutes lesquelles choses dessus dictes, je comfesse, prometz, afferme et certifie estre vrayes et ainsi que dessus promises, assurées et conventées entre le dit Jean Lemaire, solliciteur pour Madame et moy. Tesmoing mon seing manuel cy mis, le troisième jour de décembre l'an mil cinq cens et unze. »

Jean Lemaire partit avec cette lettre, la statuette de sainte Marguerite et les dessins de Bastien François, enluminés par François Colombe.

Alors le vieux maître, rajeuni par l'espoir de tailler un dernier chef-d'œuvre, se mit à modeler, au cinquième d'exécution, une maquette, qu'il se proposait de pousser à un haut degré de précision, pour que ses disciples pussent en suivre le modèle exactement en le grandissant.

Il avait voulu que ce nouveau mausolée ne ressemblât en rien à celui de François II.

Il le divisa en deux étages. Un peu au-dessus du sol, on voyait d'abord le prince mort entièrement nu. Douze piliers ou faisceaux de colonnettes, aussi déliés que des fils, enrichis de niches, de statuettes, de caprices étourdissants, modelés avec une maëstria incomparable, supportaient une table de marbre noir, où reposait Philibert, armé et la couronne en tête ; une cote brodée recouvrait sa cuirasse ; sa tête était soutenue par un coussin, ses pieds appuyés sur un lion. Six génies l'entouraient dans une attitude pleine de charme et de tristesse. L'un d'eux tenait le sceptre et les gantelets du prince, un autre son casque et son marteau d'armes ; deux soutenaient la tablette où devait être gravée l'épitaphe, les deux derniers un écu aux armes de Savoie.

Il terminait cette maquette vers le milieu de l'été de l'année 1512, quand la mort le surprit l'ébauchoir en main.

Le « bon maître » s'éteignit en plein travail, entouré de ses disciples.

Lui parti, cette admirable famille d'artistes qui travaillaient sous ses ordres se dispersa. On ne trouve dans l'histoire de l'art aucune trace de ses neveux.

Seuls, deux de ses élèves ou compagnons, Jean de Chartres et Jean des Marais, se firent remarquer par la suite.

La maquette du tombeau fut envoyée à Marguerite d'Autriche, qui choisit pour l'exécuter, d'après l'avis d'André Colomban, directeur des travaux de l'église de Brou, Conrad Meyt, sculpteur suisse de beaucoup de talent, qui s'adjoignit pour l'aider les imagiers Jean de Louen, Jean Rolin, Aimé le Picart et Aimé Carré.

L'exécution des figures fait certainement le plus grand honneur à Conrad Meyt ; les six petits génies nus sont particulièrement de maîtres morceaux, mais les générations de visiteurs ont vraiment trop longtemps admiré le praticien, en ignorant le véritable compositeur sur lequel la lettre à Margue-rite d'Autriche ne laisse subsister aucun doute.

X.

Une telle carrière, de telles œuvres sem-
bleraient avoir donné à un grand artiste
national une place importante dans l'histoire de l'art de notre pays.

Malheureusement, il n'en est rien, l'injustice de la postérité a commencé pour
lui presque au lendemain de sa mort,
comme du reste pour tous les grands imagiers qui précédèrent l'introduction en
France de l'art italien.

Ce fut en 1530, dix-huit ans après la mort

dè Michel Colombe et la dispersion de ses élèves, que François Ier, voulant créer le château de Fontainebleau et ne sachant pas voir le parti qu'il pouvait tirer du talent de nos artistes nationaux, préféra attirer des artistes italiens.

Mais l'Italie, quoique brillante encore, avait déjà passé sa plus belle période. André del Sarte venait de mourir; Raphaël l'avait précédé de dix ans, étant mort en 1520 et le Pérugin en 1524.

Michel-Ange continuait ses immenses travaux; avec sa sublime hardiesse, il songeait à élever la coupole de Saint-Pierre.

Un pareil génie vivant, on n'ose guère dire que l'Italie entrait en décadence; cependant, il est à remarquer qu'après l'explosion des grands génies, viennent presque toujours les pasticheurs qui, copiant leur manière, exagèrent leurs défauts sans prendre leurs qualités. C'est cette sorte d'artistes secondaires, dangereux pour l'originalité, qui, cherchant fortune, vinrent à la cour de François Ier.

Le Rosso et le Primatice, dirigeant les travaux de Fontainebleau, en s'adjoignant des compatriotes, tels que le sculpteur Paul Ponce Trebatti, produisirent des œuvres séduisantes, qui charmèrent le roi et la cour. C'était un mélange des vigueurs de Michel-Ange, par de violentes découpures anatomiques, avec cette élégance des jointures amincies, qui imprimaient déjà une grâce factice aux ouvrages des Florentins.

A cet art élégant, il manquait la première de toutes les qualités : la *sincérité,* qualité que nos imagiers avaient au plus haut degré.

Mais que pouvaient faire désormais ceux qui étaient désireux d'entreprendre des travaux à la cour? Il fallait se rallier à la

mode du jour qui, du reste, était bien sé-
duisante.

Si la Renaissance, dans son ensemble, fut
un mouvement admirable qui, dans cet im-
mortel seizième siècle, enfanta des magnificences d'art, en sculpture, elle coupa bru-
talement la tradition de ce merveilleux art
chrétien qui, en France, ne relevait que de
lui-même et puisait ses inspirations dans
le sol même du pays.

Alors commença pour nos anciens imagiers cette longue période de trois siècles
d'injustice et de dédain. Il fut désormais convenu que les seules sources du beau étaient
l'antiquité grecque et romaine, et l'art italien
de la Renaissance, et que le moyen âge était
une époque de barbarie. Malheureusement
on ne s'en tint pas à la théorie de cette opi-
nion : les partisans du goût à la mode devenu l'art officiel, nouveaux iconoclastes

firent souvent briser les œuvres des imagiers. Le plus grand nombre de leurs sculptures est aujourd'hui disparu, et ce n'est
que dans les archives et les bibliothèques
que nous en pouvons trouver les traces.
Ce ne sont pas seulement les révolutions
et les guerres de religion qui ont détruit
ces richesses de l'art français, richesses
anéanties qui suffiraient à la gloire artistique d'une autre nation, mais c'est parce
que, en France, quand une époque d'art
a paru meilleure, on s'est hâté de détruire
les anciennes œuvres décoratives des aînés
pour les remplacer par de nouvelles dans
le goût du jour. C'est ainsi que beaucoup de sculptures décoratives de l'intérieur des cathédrales ont été remplacées
quatre ou cinq fois depuis leur fonda-
tion.

Quand on lit les descriptions de Dubreuil, de Carpentier, de Sauval, des magnificences qui se trouvaient dans l'intérieur de la cathédrale de Paris à la fin du quatorzième siècle, on se demande avec étonnement ce que sont devenues les statues de Louis VIII et de Philippe-Auguste, qui se trouvaient de chaque côté de l'autel, et cet autel lui-même, bijou de l'art chrétien, couvert, dit Sauval, de châsses, de reliquaires et de bustes de saints. N'est-ce pas Louis XIV, accomplissant le vœu de Louis XIII, qui le fit remplacer par le lourd autel du style du dix-septième siècle, qui produit le plus fâcheux effet d'anachronisme?

Et les grands anges de cuivre doré, et la grande châsse de saint Marcel, couverte de sculptures d'or et d'argent, représentant la vie du saint! Et le tombeau de Philippe de France, fils de Louis le Gros, archidiacre de l'église de Paris! Et les statues du pape Benoît XI et des seigneurs de sa famille, celles de l'évêque Bucy, de Guillaume de Melun, du cardinal Michel du Bec, celles de Philippe le Bel et de Jeanne de Navarre, et le fameux bas-relief des Templiers!

Toutes ces œuvres, décrites par les historiens, ont été détruites pour faire place à d'autres. Cela prouve du moins la vitalité de l'école de sculpture française, qui sans cesse produisait des œuvres si nombreuses qu'elle pouvait presque les remplacer d'année en année. Mais, pour nous, que de regrets provoque cette perpétuelle destruction! En 1650, lorsqu'on répara le chœur de Notre-Dame, ces antiques monuments furent pour la plupart brisés, et lorsque, en 1699, on érigea l'autel qui subsiste encore aujourd'hui, presque tout le reste fut anéanti.

Habile à produire, mais peu jaloux de conserver, le Français n'a plus tenu compte des anciennes créations des arts, aussitôt qu'il a cru les avoir surpassées.

Cet absurde dédain ne fit que s'accentuer aux dix-septième et dix-huitième siècles et même au commencement du dix-neuvième. Il fallut pour faire sortir de l'oubli l'art gallo-chrétien des imagiers l'explosion du romantisme et le sens artistique de son chef, Victor Hugo, pour en faire apprécier le côté poétique.

Mais ce n'était encore là qu'une indication; ce fut seulement un homme d'un grand talent et d'une grande érudition, M. Viollet-Leduc, qui sut avec autorité en faire ressortir les beautés techniques.

Par ses patientes et respectueuses restaurations, il sut sauver de la ruine de superbes morceaux, dont la destruction était commencée.

Par la plume et par la parole, il sut, dans ses admirables leçons, faire sentir à tous ceux qui en France ont le sens artistique, la si particulière beauté de ces œuvres du moyen âge et montrer que nos imagiers, sans guides ni encouragements, avaient su en statuaire retrouver les premiers éléments de la théorie et arriver à une imitation vraie, noble et délicate de la forme humaine, en gardant leur sentiment personnel, qui donne à leurs œuvres une saveur si particulière.

Pour Michel Colombe, l'injustice de la postérité fut particulièrement cruelle. Non seulement la plupart de ses œuvres subirent le sort commun à celui de ses confrères, mais celles que la destruction avait respectées lui furent longtemps contestées.

L'engouement italien fit d'abord attribuer le beau bas-relief de saint Georges terrassant le dragon à Paul-Ponce Trebatti.

Or ce sculpteur italien, venu en France à la suite du Rosso et du Primatice, pour les travaux de Fontainebleau, n'y arriva pas avant 1530 ou 1531, et le château de Gaillon fut construit en 1505 et le bas-relief vers 1510.

Heureusement les comptes de dépenses du château de Gaillon retrouvés ont fait enfin rendre justice à Colombe et à bon nombre d'artistes français oubliés ou méconnus.

Le tombeau de François II, l'œuvre capitale du maître, ne subit aucune injure du temps ni aucune destruction des hommes.

Pendant les seizième et dix-septième siècles, on l'admirait toujours dans l'église des Carmes à Nantes, mais l'auteur semblait être absolument inconnu.

On en dessinait des morceaux, on en publiait même des gravures ; il en existe du dix-septième siècle, publiées par Montfaucon sans nom d'auteur.

Ni d'Argentré, ni les pères Lobineau, Morice et Taillandier, ni Lagibonais, ni Desfontaines dans leurs Histoires de Bretagne n'ont eu la pensée d'en nommer l'auteur qui semble être pour eux un illustre inconnu, quoique les uns qualifient l'œuvre de *magnifique tombeau*, les autres de *superbe mausolée*, et qu'ils nous disent qu'elle a été exécutée par *un excellent ouvrier*, *par le plus habile des ouvriers*. Pourtant, les écrivains contemporains du maître de Tours en avaient parlé, notamment Jean Brèche, jurisconsulte, habitant et natif de Tours, qui le décrivait en 1552, dans un *Commentaire sur le titre du Digeste*, à l'occasion du mot *monumentum*, et nommait l'auteur Michaël Columbus.

Enfin, en 1727, le roi Louis XV ayant ordonné l'ouverture du mausolée, le magistrat chargé de présider à cette ouverture, et qui se nommait Mellier, écrivit un rapport sur cette cérémonie, dans lequel il est dit qu'il trouva à l'intérieur une inscription, portant ces mots :

Par l'art et l'industrie de maître Michel Colombe, premier sculpteur de son temps, originaire de l'évêché de Léon.

Le bas-relief commandé par Louis XI, et représentant saint Michel à cheval repoussant un sanglier furieux, fut détruit en 1569 pendant les guerres de religion. Détruit éga-

Fig. 12. — Mellier découvrit une inscription.

lement le grand bas-relief du *Trépas-sement de Notre-Dame*, et la statue de saint Maur et le tombeau de Loys Rohault!

Et nous ne parlons là que des œuvres connues, que les écrivains contemporains ont signalées. Mais que d'autres ouvrages devaient sortir d'un atelier si important et pendant une si longue carrière! que de jubés, de retables, d'autels, de vierges créés par le maître de Tours devaient décorer les églises de la Touraine, et qui ont été détruits par les révolutions!

Il en reste même certainement parmi les œuvres anonymes, car nos imagiers ne signaient guère leurs statues, et c'est peut-être de l'atelier du maître de Tours qu'est sortie cette belle statue en marbre de la Vierge portant l'enfant Jésus, qui se trouve au Louvre, avec cette désignation :

*École française des bords de la Loire.
Commencement du seizième siècle.*

Aujourd'hui, on est devenu plus respec-
tueux envers les productions de nos vieux
maîtres français, et ce qui reste de leurs œuvres est précieusement recueilli dans nos
musées. Les leçons de Viollet-Leduc n'ont
pas été perdues et l'art national est remis
en lumière.

Un musée renfermant les moulages
des œuvres de nos grands imagiers a
été installé dans le palais du Trocadéro.
C'est là que ceux qui ne peuvent faire le
voyage de Nantes se feront une juste idée
du talent du maître de Tours.

Trois œuvres certaines nous restent de
Michel Colombe; le mausolée de François II, à lui seul, suffirait à sa gloire.

Mais le Louvre possède le bas-relief
du château de Gaillon : saint Georges

terrassant le dragon; et ce maître morceau permet encore d'apprécier le talent du maître, talent fait de force et de sincérité.

La médaille de Louis XII conservée à la Bibliothèque Nationale nous montre la souplesse de son talent dans un genre tout différent.

Indépendamment de ces trois œuvres plastiques, nous possédons de lui une lettre d'une saveur toute particulière, et qui nous renseigne sur les mœurs de cette famille d'artistes, qu'il appelle *des gens de mœurs graves, savants, seurs, certains, expérimentez, bien conditionnez, et observant leur promesse, comme bien raison le veult.*

Et ce souci d'honorabilité, aussi bien que de compétence artistique, pour les siens, le préoccupe; il y revient :

D'yci et desja j'asseure que Guillaume Regnault, tailleur d'images, est souffisant et bien expérimenté...... car il m'a servy et aidé l'espace de quarante ans ou environ.

Certes, c'était là un collaborateur comme on en voit rarement, et le maître pouvait se fier à un tel élève.

Puis c'est le soin du côté matériel et ouvrier du travail dont il ne néglige aucun détail : *la pierre de Saint-Lothain lès Poligny très liche et polissable en perfection.*

Tout, dans cette très intéressante lettre, respire l'honnêteté, le sincère amour de l'art et le souci de la parfaite exécution de l'œuvre.

Elle éclaire d'un jour tout particulier la vie de ces familles d'imagiers, si longtemps inconnues pour nous, et si les œuvres qui nous restent de Michel Colombe révèlent un très grand artiste, sa lettre à Marguerite d'Autriche nous fait apprécier la valeur morale de l'homme.

9 782019 999193